JN438918

아름다운 사람아

안타까운 사랑이여

아름다운 사람아
안타까운 사랑이여

곽 상 호 시집

그림과책

■시인의 말

지금 한 권의 시집을 낸다고 생각하니 감개가 무량합니다.

이 한 권의 시집으로 주위의 친구들, 집안 식구들, 저를 알고 있는 모든 분들이 축하를 해주시니 저는 그저 행복할 따름입니다.

저의 글재주가 미약하나마 제가 하고 싶은 일이기에 제 능력이 다하는 그날까지 손에서 펜을 놓지 않을 것입니다.

또한 시집을 출판하도록 도움을 주신 발행인님과 교정과 수정을 도와주신 출판사 관계자님께 진심으로 감사드립니다.

2019년 10월

곽상호

차 례

2부

3부

4부

1부

오는 시간을
두 손 저으며
거부도 해보았지만

오고가는 세상의 이치는
변치를 않더이다

흘러가는 시간과 더불어

가던 길을 멈추고
뒤 한번 돌아보니
멀리도 와 버렸네

가는 세월을 붙잡고
애원도 하고 싶었고

오는 시간을
두 손 저으며
거부도 해보았지만

오고가는 세상의 이치는
변치를 않더이다

백발 성성한
이 머리를 바라보며
지나간 세월을
꾸짖어 무엇하리오

오고가는 것이
제 잘못도 아닌데

머리 숙이고
뒤돌아 가지는
아니할 터

가는 것은 가는 대로
오는 것은 반겨줌이
세상의 이치일 듯하구나

당신의 눈

사랑의 충만히 맑음이 되고
고통의 물줄기는 흐려지는 호수

파아란 하늘

파아란 하늘
송곳으로 콕 찔러
떨어지는
물 한 모금 마셨더니
이내 몸도
파아란 하늘색 옷감으로
새옷 지어 입었다네

과거로의 당신1

흐르는 세월을
무엇으로 세울 수 있으며
검은 머리 흰머리 됨은
무엇으로 막을 수 있으랴
가는 세월을 동무 삼아
쉬엄쉬엄 쉬어 가려는데
가는 세월은
뭐가 그리도 바쁘신지
앞길만을
재촉하고 재촉하는구나
무심한 친구
무심한 세월아
가는 세월만큼이나
이마에 주름살이 는다는 것도
생각을 좀해 주려무나

내 안의 내 친구 세월아

과거로의 당신2

저 멀리서
큰 걸음으로
지나가는
당신을 보고 있자면
내 가슴은
방망이질을 한다오
가는 걸음을
잠시 멈추고
눈이라도
맞추는 날은
구름 위를
떠다니는 기분이
이런 기분이 아닐까
생각을 한다네

내 안의 큰 사랑 당신이여…………

당신의 새벽으로 달려갑니다

당신 얼굴이 머릿속에 맴도는
어둠이 짙게 내리친 밤
목까지 차오르는
그리움을 저버리지 못하고
소복이 감싸 쥔 어둠을 둘러메고
당신의 새벽으로 달려갑니다

나만의 하늘

오늘은 아침부터
하늘이 울상이 되어
내려다보고 있네요
톡 건드리면
금방이라도 울음이
터질 것 같아
조심조심 올려다봅니다

나만의 하늘을…………

어리석은 사람아

나 좋다고,
나 좋다고 한 사람을
모질게 내친
어리석은 사람아
가는 세월을
막지는 못하는 것인데
가는 시간을
되돌릴 수는 없는 것인데
모질게 내친
내 사람을 어찌하리오
가슴을 치고
눈물을 쏟아도
그 시간 그 사람에게는
머물지 못하는 것을

아!
흘러간 아름다운
시간들이여

아!
스쳐 지나간

나의 여인이여

당신과의 시간이
그립기만 하다네요

내 안의 아름다운 당신이여…………

노을1

환희 타들어 가는 당신의 참모습에
두 손이 붉도록 찬사를 보냅니다
닫는 듯 마는 듯 물바다에
동그랗게 제 모습 그리고는
뉘엿뉘엿 잠자리 드시는구려

노을2

제 몸 식히려 물속에
뛰어들었는데
뜨거워진 몸은 식지 않고
바다만 데우시네
부글부글 날아오른 수증기가
산허리를 휘어감네

노을3

노을이 되고 싶다
붉게 저물며 타들어가는
노을이 되고 싶다
가도 가도 끝없는
황량한 벌판보다
황혼에 빛나는
노을이 되고 싶다

노을4

붉게 타오른 물결 위로
반짝이는 먼바다
찰랑이는 파도 앞에
내 얼굴 달아올라 노을 집니다

길이 멀어 못 감이 아니라네

길이 멀어
못 감이 아니라네
노잣돈이 없어
못 감도 아니라네
가도 가도
끝이 없는 길이라
한 발짝을 떼어놓기 힘들어
못 가는 길이라네
한 발짝이 건너면
남은 한 발짝도
무지막지
내디딜 수밖에 없기에
한 발짝을 떼지 못한다네

한 발짝을 못 떼어
못 가는 길이 어디메에
있으랴마는
지나간 발자국에
점점이 한이 서려
못 가는 이도 있다네

안타까운 내 영혼이여…………

세상과 더불어

깊은 산 골짜기에
아늑한 암자 하나 짓고
일 년에 몇 번 보는
사냥꾼들 모습에서
속세의 삶을 그려봄도
나쁘지는 아니할 것

종달새 가냘프게
울어 제치고
늑대 울음 여우 울음
싸늘히 들려오는
고요한 한밤의 정경도
나쁘지는 아니할 것

그렇게 그렇게
세상과 더불어
저물어감도
나쁘지는 아니할
우리네 인생이로세

지평선

지평선 저 너머
자그마한 그림자 하나
저리도 서 있자면
다리도 아플 텐데
아무런 표정 없이
언제나 그 자리에

지평선 저 너머
자그마한 그림자 하나
홀로 기다리자면
지루함도 있을 텐데
님 그리는 그대 표정에
희색이 만연하네

지평선 저 너머
자그마한 그림자 하나
차가운 바닷바람도
그대 마음을
얼리지 못하는구나

지평선 저 너머

자그마한 그림자 하나
거대한 바위 위의
자그마한 내 님

꽃잎

피어 있는 꽃을 꺾는 것은
죄악이라 말들 하지만
지는 꽃잎을 보고
손 가는 이가 과연 있을 것인가?

짝사랑

사랑을 하여도
혼자일 수밖에 없는 사랑
이별을 하고프도
상대가 없는 사랑
당신을 보면
무심한 척 돌아서는 사랑
사랑하면 할수록
공허함만 커지는 사랑
해가 기울면 사랑도 기울지만
그래도 꼭 한 번은 해보고픈 사랑

주름살의 흔적

내 안에 내 친구 세월아
똑똑 그곳에 게 없소
내면의 내 속에 내 친구들을 만나러가다 보면
무심한 친구들을 오랜만에 만나다 보니
주름살의 흔적
회색빛 흔적 무지갯빛 흔적의 이름으로
너 나 할 것 없이 여러 빛의 흔적으로 남는다

내 친구들은 내 안의 내 자아였다
수많은 경우의 사건과 상념들

재촉하였던 나
재촉하는 나의 내면 친구들
하얗게 먼저 나갔던 친구들이 모여서 나로 오고 나로부터 가고

세월의 흔적이 상처가 되었다 주름살과 흰머리의 흔적
그것들이 상처 즉 삶의 주름살이었다

순간 햇살이 나의 얼굴에 타원형으로 비춘다
스포라이트다 주름이 연해진다

1막 1장이 끝나다

세월아 무심아 세월아 뭐가그리 바쁜지
아직도 앞길만을 재촉하는구나

이제 2막 2장이 시작된다
똑똑 그곳에 내가 온전히 있소

세월

흘러가는
세월을
무심다 하지 마오
아니 가는
세월은…………

흘러가는
세월도
제 갈 길을
재촉하지는
아니할 터

흘러가는
세월과
동무 되어
흘러감도
나쁘지는
아니할 터

그 속에 묻혀
소리 없이

살아감이
우리네
인생이로세

방랑

세월도 흘러 흘러
물도 흘러 흘러
우리네 인생도 흘러 흘러

끝도 없는
방랑길이
시작되는구나

가라고 한 사람도
오라고 한 사람도 없는데
그저,
그저 저희들이 좋아
가고 또 가고
흐르고
또 흐르는구나

태어나면서
시작되는
방랑길이
우리네
인생이라지만

목적지 없는
방랑길이라면

차라리
기억도 나지 않은
태초의 나로
돌아가고 싶구나

흘러간 시간들이여

흐르는 시간을
막을 수만 있다면

흘러간 시간을
되돌릴 수만 있다면

그 시간 다 모아
당신의 모자란 시간을
채워 주었을 텐데

당신은
시간이 모자라고
난
흘려보낸
시간들이 너무 많아

당신은 당신의 시간 속에,
난 내 시간속에 갇혀

흘러가는 시간과
원치 않은 동행을

한다네요

당신과 나의 시간 속에서…………

2부

살포시 고개 숙인
얼굴을 마주 보고
떨리는 손끝을 가누지 못해
엎질러진 커피잔을 보며

서릿발

차디찬 서릿발 사이로
스쳐 지나간 당신

흩날리는 머릿결에
언뜻언뜻 비치는 목덜미에
쓰러지듯
당신의 향치를 느낀다

스쳐 지나간 당신

스쳐 지나간 시간이
얼마이기에
이 마음은
한 가득이 되었네요

마음은 한 가득한데
몸 속은 가득히 차오르는데

손을 뻗어도
당신을 불러도
잡히지도
보이지도
들리지 않은 당신

당신은 내 마음속
어느 구석진 자리에
자리 잡고 계시길래

내 안의 아픔인 당신이여…………

당신을 사랑하렵니다

고통의 철문이
우리를 갈라놓을지라도
미움과 증오로
나를 시험 하실지라도
내 사랑은 당신입니다

태양이 솟고 달이 기울어
영겁의 세월을 보냈을지라도
내 기다림은 당신입니다

추억의 책장을 말없이 넘기고
잊혀진 시간 속에
흠뻑 미소 머금은 당신
내 가슴이 당신입니다

흘러가는 세월이 흐르고 또 흐르는

그날까지…………

당신 생각

당신 생각에 내 가슴은
중심 잃은 풍뎅이가 되었네요
멍하니 앉아
입천장이 들여다보이는
당신의 모습 그리다
볼펜 떨어지는 소리에
아득한 정신 가다듬고
안개 속으로 사라지는
당신을 못내 아쉬워하며
쓸쓸한 미소 흘리웁니다

커피잔을 가운데 두고

커피잔을 가운데 두고
당신과 마주한 시간

살포시 고개 숙인
얼굴을 마주 보고
떨리는 손끝을 가누지 못해
엎질러진 커피잔을 보며
황망한 내색만 비추고 있었네요

당신
부끄러운 듯 내민
분홍색 손수건
아
이 마음 분홍빛으로 물들고
말았네요

당신의 향기가 배어 있고
당신의 체온을 느낄 수 있는
당신의 손수건
아…………
엎질러진 커피잔에
감사하며 살아가렵니다

들국화처럼

들국화처럼
청순한 아름다운 그대
속세의 때꼬작물은
어디에도 찾을 수 없는

순수한 사랑만을 간직한
사랑스런 그대

그대와 더불어라면
이 세상 끝날 때까지라도
즐겁게 동행할 수 있겠네

내 마음속의 아름다운 당신이여…………

최고의 축복

한 점 구름도 없는
하늘 올려다보고
당신의 눈망울 생각했네요

까만 눈동자
똑바로 쳐다볼 때면
이 몸은 허공을
떠다닌답니다

날개 달린 짐승의
첫 비행 성공이
이만큼 기쁠 것인가

아련한 여인네의
첫날밤의 추억이
이다지 황홀할까

지금 당신이
내 곁에 없다 하나
나 이렇게 당신을
가깝게 느낄 수 있으니

이 행복은

당신이 내게 내려주신

최고의 축복입니다

우리의 만남

우리의 만남은
운명이었나 봅니다
수많은 사람들
틈바구니 속에서
그대와 내가
사랑의 연인으로
태어날 수 있었던 것은
운명의 고리로
연결되었음이겠지요
만남에
목메어 허덕이고
헤어짐에
쓰라린 가슴
움켜쥐던 지난날
진정
그대를 만나기
위함이었나 봅니다

내 사랑의 고리…………

아! 그저 좋기만 한 당신

멍하니
당신 생각을 하다
피식대고
웃곤 한답니다
그리도
무겁게 닫혔던 입술이
갇혔던 물꼬가
한순간 트인 양
하얀 이가
다물어지지 않습니다
푸른 하늘은
더더욱 푸르게 수놓고
내일의 태양이
오늘에 떠 있는
아!
그저 좋기만 한 당신

당신이 있어
오늘의 태양이 뜨는가 보네요

나만의 사랑 당신이여…………

파란 하늘 지붕 삼아

사랑하는 당신과
더불어 잠들고 싶습니다
파란 하늘을 지붕 삼고
밤하늘의 은하수
살포시 덮고서
오래도록 잠들고
싶습니다
세월이 가고
그 세월에 세월이 흘러

당신 두 눈에
사랑과 행복이
충만한 세상이 올 때까지
당신과 더불어
잠들고 싶습니다

내 사랑 당신이여…………

당신의 소중한 시간

당신을 위해
오늘 하루는
비워 두렵니다

당신…………

비워둔 이 시간은
당신의 시간이니
이 시간…………

당신을 위해 쓰시구려
당신이 이 시간을 아니 쓰신다면
이 시간은
내가 보관해 두었다가
언젠가
당신의 시간이 모자라실 때
당신의 이 시간을
내어 드리리다
당신에게 소중한 이 시간을…………

내안의 소중한 당신이여…………

촉촉이 내리는 단비

촉촉이 내리는 단비가
대지를 적시면
이내 마음도 어느새 흠뻑 젖는답니다
하염없이 창밖을 보며 운치에 젖어도 보고
지나간 세월을 돌아도 보았지요
빗방울 속에 당신의 향기가 배어 있는 듯해
미치듯 끌어안아 봅니다
당신과 보낸 수많은 나날
단 하루의 시간이
후회의 그늘로 가리워졌던들
이 마음 그다지 허망하지는 않았을 텐데
문틈 사이로 스며든
마파람과도 같이
그렇게 오셨다
그렇게 가시다니요
이 밤 당신이 빗물 타고 오실라 싶어
물끄러미 창가만 서성이고 있답니다

내 안의 안타까운 사랑이여…………

사랑의 소로

쏟아지는 빗물을 멀리하며
당신과 나란히 거니는 이길
정녕 사랑의 소로입니다

한 걸음 한 걸음 내치는 길이
안타까워 가슴 조이고
흐르는 시간은 또
어찌 그리도 빠르게
스쳐 지나는지
밤을 하얗게 지샌 얘기는
사선 위의 한 점 티끌에도
미치지 못하는 듯하구나

아! 당신
푸석이 가라앉은
내 어깨에 고인 빗물을
당신의 포근한 체온으로
감싸 안아 주네요

온화한 미소로…………

소중한 당신

당신

크게 부르면
허공으로 날아갈까
목청껏
불러보지도 못하는
당신이라는 이름의 당신

내 안의 소중한 당신이여…………

메아리 없는 당신

목이 터져라
당신을
불러보지만
메아리 없는
대답만이
귓속을 맴돌다
제 갈 길을
재촉하는구나

안타까운 내 안의 사랑이여…………

아름다운 당신

내 당신을 위해
무엇을 해 드리리까

하늘의
별님보다도
달님보다도
더더욱 값진 것을
해드리고 싶은데

값진 보석을 선물하려니
당신이 가장 값진 보석이요
아리따운 꽃을 선물하려니
당신이 세상의
어떠한 꽃보다
더욱더 아름다우시니

당신,
당신에게 선물하려 해도
그 선물의 가치를 느낄 수 없어
이 마음을 당신 마음에
고스란히 접어

당신께 바칩니다

나만의 아름다운 당신에게…………

당신의 마음

마주친 눈망울을
똑바로 볼 수 없어
당신의 그림자만
보고 있네요

마주친 눈망울에
이 마음 가눌 곳 없어
당신의 시선을
볼 수가 없네요

당신
당신은 언제부터인가
이 마음속에 들어오시어
깊게 자리잡으시고

내 마음을
당신 마음인 양
움직이고 계시니
당신의 마음이
내 마음인 듯

이 마음은 흡족할
따름이라오

내 사랑 당신에게는…………

가깝고도 먼 당신

눈을 뜨면
생각나는 사람이 있다네

오늘은 기쁨에 도취되어
구름 위를 둥둥 떠다니다가도

내일은 폭풍처럼 밀려오는
불안감은 어디에서 오는
두려움이란 말인가요

한 발짝 한 발짝
다가가면 다가갈수록
새록새록 생각나는
그리움은 무엇이란 말인가요

당신이 내 곁에 있는데
내가 당신을 사랑하고 있는데
당신은 왜 자꾸만
멀게 느껴지는 것일까요

당신만을 소유하고

당신의 시간을
소유하지 못해서
그렇게 폭풍 속을 헤매고
다니는가 보네요

내 안의 당신이여

이제는 당신의 시간 안에
내 시간도 담으시고
내 마음도 담으시구려
나를 위해 당신을 위해

내 사랑 당신이여…………

터널 안에서

나는 왜 이 터널 안에서
맴돌고 있느뇨
길지도 않은 터널에서
왜 허우적거리고 있느냐

한 손 뻗어 어둠을 걷고
또 한 손 뻗어
세상과 통하는
동화줄을 잡으면 되는데

당신은 왜 그 터널 안에서
둥지를 트시었소

당신
당신이란 사람

흘려보낸 세월도 모자라
다가오는 시간마저
당신의 검은 그림자
드리우려 하느냐

흘러간 시간을
바꾸지는 못하는 법인데
흘러간 시간에 나를 바칠 뿐
흘러간 시간에 순응하며
살아갈 뿐이라네

하아얀 도화지 속의 사랑

내 머릿속에 하아얀
도화지를 펼쳐놓고
두 글자만 써서
당신께 드리오니
채우지 못한 도화지는
당신이 채우시구려

당신이 무엇을 쓰시던
나는야 좋겠네

당신이 아무것도
쓰시지 아니하여도
나는야 좋다네요

언제든 오시어
비어 있는 도화지에
낙서라도 하시지 않을까 싶어
나는야 좋다네

행여나 당신이 오시여
이 마음속에

두 글자를 새겨
주시기라도 하신다면

비어 있는 도화지는
내가 채우리다

당신이 새겨 주신
두 글자로 말이지요

내 사랑 당신이여…………

나만의 고향 당신

보름달이 밝아 오고 있네요
몸도 마음도 보름달 되어
내 고향 당신을 비추고 있네요
고향이란 언제나
평온하고 따뜻한 곳
아무리 멀리 있다 하여도,
아무리 힘든 일이 있다해도
고향을 생각하면
언제나 입가엔 웃음이 도는 것
그곳이 고향이란 이름이지요

내 고향은 당신,
당신 고향은 타향이라 해도
내 고향이 당신이면 되었네요

나만의 고향 당신이여…………

눈부신 햇살

떠오르는 햇살이
눈이 부셔
뒷마당 그늘에
피해 있었더니

앞마당 햇살은
온데간데없고
뒷마당 그늘이
앞마당의 나를
반기고 있구나

3부

당신이 보고 싶습니다
지나간 추억이라지만
떠나간 당신이라지만
당신은 내 가슴에 깊숙이

내안의 한 서린 당신이여

커피 한잔에
눈시울이 뜨거워지고
문득문득 생각난
아득한 그리움은
꽃피는 봄날이었는데
당신의 아름다운
당신의 봄날을
내안의 차디찬
시베리아 벌판의 한기로
바꾸어 놓았으니

저며오는 이 가슴을
어찌하리오

내안의 한 서린 당신이여…………

영원한 사랑

당신은 내게 물으셨지요
나는 당신에게 무엇이냐고

내가 당신이고
당신이 나였기에
많이 당황스러웠네요

당신,
당신 앞의 이 사람은
한치의 티끌도
한 뼘의 오차도 없이
영원한 당신의
사랑입니다

영원한 당신만의 사랑…………

나만의 사랑 당신

잠자리에 누우면
아련히 밀려오는
그리운 얼굴

하루 반나절을
보고 또 보고 왔건만

돌아서면
그리운 얼굴 잊혀질까

되돌리고 또 되돌려
이 밤이 다 새도록
떠나보내지 못하고
하얀 밤을 지샌다네

나만의 사랑 당신을…………

야속한 사람

갈 길 없는 방랑객을
맞아주신 당신이

뒤돌아서서
등짝을 보이시면
난 어찌 하라 하시고

가는 길 가로막고
반겨 주시지나 마시지

작은 희망이나마
보여 주시지나 마시지

막았던 그 길을
조용히 틔워 주시며

무심히 뒷모습을
보여주시면
난 어찌하라 하시는지

야속한 내 안의 여인이여…………

행복의 조건

그리워할 사람이
당신이어서
나는야
행복하답니다

행복에 조건이
있을 리 없다지만
행복에는 조건이
있는 것 같네요

당신
당신이 내 곁에 있기에
내가 행복한 것 아닐까요

당신 없는 행복이란
있을 수 없기에
나는야 행복의
조건을 갖춘 것 같네요

당신이 없는 나였다면!
지금의 나는

어느 거리에서
헤매고 다닐는지

당신,
당신이야말로
또 다른 나이기에
당신은 나의
영원한 행복의 조건이라네

내 안의 행복 당신이여…………

당신의 품속은 신비합니다

당신의 품속은 참 신비합니다
살갗을 베어낸 듯
옷소매가 타들어 가는 듯
따가운 날씨도
당신의 품속은 마냥 포근합니다

당신의 품속은 참 신비합니다
얼어붙은 가슴 녹일 수 없어
당신께 쓰러졌는데
어느새 봄기운이 감돌다니요

당신의 품속은 참 신비합니다
석양에 지는 노을이
그리도 서글프게 느껴졌는데
당신의 품속 석양 노을은
그렇게 곱더이다

당신의 품속은 참 신비합니다

받쳐 든 얼굴 너머

받쳐 든 얼굴 너머
아른아른 흘러내리는
곱디고운 얼굴
바라만 봐도
눈 녹일 듯 맑은 표정이
사랑의 이름으로 나를 흔드네
당신 앞에
추켜세운 자존심은
허공에 흩날리고
사라진 그리움은
눈덩이로 굴러드네
아 바라만 보아도
당신의 향내 그윽하여라

당신의 보금자리

가을 산 붉은 단풍이
자기만의 자태를
뽐내고 있다네요

알록달록
울긋불긋한 자태가
온 산이 한 그루의
단풍나무인가 싶다네요

화려했던 단풍도
가을 꽃이 지나면
한 떨기 낙엽 되어
자연의 품으로 돌아가듯이

당신
당신도 당신의 화려함은
뒤춤으로 숨기시고

뛰어들 품속이라도
가고픈 보금자리라도
있으시다면

당신의 자리를 찾아
당신의 둥지를 트시구려
당신의 보금자리를 찾아

내안의 아름다운 당신이여…………

당신이 나의 연인이라는 사실

당신이 나의 연인이라는 사실이
가끔은 믿기지 않을 때가 있네요
당신이 나의 사랑이라는 사실이
너무나 커 보일 때가 있네요
당신이 나의 첫사랑이라는 사실이
감격의 눈물로 흘러내릴 때가 있네요
당신 앞에 서면 너무나 작아만 보이는나
세상이 온통 당신의 옷자락에 휘감겨 있는 듯하네요
내안의 당신을 사랑하고픈데
당신은 언제나처럼 거대한 몸체로
내 앞에 선답니다
받고만 살아온 나에게는
작으나마
당신의 가슴 한 모퉁이를
내 사랑으로
당신 체온을 느껴 보렵니다
가을걷이가 끝난 텅 빈 들판과도 같았던 이 가슴
당신이란 사람이
사랑의 나무 심어 주어
열매를 맺어주신 당신
내 살아갈 날들을 당신께 다 비친대두

그것은 당신이 심어주신
사랑의 나무 열매의 일부가 될 것입니다

내 사랑 당신이여…………

사랑의 크기

우리의 사랑은
새하얀 눈처럼
순결하고 고귀해야
합니다

우리의 사랑은
한여름의 태양처럼
강렬해야 합니다

우리의 사랑은
가을 단풍처럼
아름답고
우아해야 합니다

한밤의 별 꼬리처럼
한순간 빛을 발하다
짙은 어둠 속으로
사라지는
허망한 사랑이 아니라

계절마다

사랑의 색채가 바뀌고
사랑의 농도는
잴 수도 없는
그런 사랑이어야 합니다

당신과 나의 영원한 사랑은…………

냉랭한 이 마음에

냉랭한 이 마음에
사랑을 불어넣어
봄기운이 감도는 듯
파릇이 꽃 핍니다
나만을 위하고
우리들만을 위한
사랑의 꽃망울이
활짝 피어납니다
미움, 분노, 절망, 좌절을 머금고
피어난 꽃이기에
작은 꽃망울이
더더욱 크게 보입니다

그대에게 사랑을 고백합니다

그대에게 사랑을
고백합니다
가을 단풍처럼
화려하지는 못합니다
바다만큼의
넓은 사랑도 아닙니다
그저
이 목숨 다 바쳐도
모자랄 듯한 사랑
그저
당신의 얼굴에
미소가 멎지 않을
만큼의 사랑
그런 조잡하리만큼
단순한 사랑

당신에게 사랑을 고백합니다

당신이 남기신 시간

진눈깨비 요란스러이
차창을 때리고
째각 대는 시곗바늘은
오늘도 쉼 없이 돌아가네요
당신이 남기신 시간이
얼마나 되시기에
아직도 시계는
째각 대고 있나요

단풍

내 눈의 단풍은 오로지 당신뿐입니다

무르익은 단풍

무르익은 단풍은
당신의 눈망울에
깊이 고이고

덩치 큰 돌멩이
우리의 사랑 노래
녹음이라도 하시는 듯

익어가는 사랑 타령
듣고만 있더라

하늘에 떠다니는
점점이 뭉게구름도
제각기의 모습으로
유유히 날고

산새 소리는 은은하게
울려 퍼지네

아름다운 강산
어여쁜 당신

그 속에 묻힌 나는
행복에 겨워
눈물이 주르르
흘러내립니다

당신이 보고 싶습니다

당신이 보고 싶습니다
지나간 추억이라지만
떠나간 당신이라지만
당신은 내 가슴에 깊숙이
자리 잡고 계시니
나는 어찌합니까
흰 눈 펑펑 내리던 어느 날
내 가슴에 파고들어
흰 눈 같은 사랑을 하자던 당신
그렇게 정겹던 당신이
당신이 떠나시다니요
내 당신이 떠난 그 자리에
흰 눈만 펑펑 내리네요

세상을 온통 흰 눈으로

세상을 온통 흰 눈으로 뒤덮어
백색 물결이 하얗게 빛납니다
앙상하게 드리운 가지에 곱게 분칠하고
새까만 아스팔트 모퉁이도 포장을 했답니다
발끝은 뽀드득뽀드득
눈 소리의 외침이 들리고
옷깃 세운 신사분은
발 빠르게 스쳐지나가네요
햇살 내린 눈빛은 하얗게 반짝이고
빛 속의 열기는 뺨을 익혀놓고 스쳐갑니다

삭풍

가을 잎이 익어
보랏빛이 되었다오

가을 나무가 저물어
나무색이 되었다오

당신이 저물어
가을빛을 띤다면

갈 곳 없는 이내 마음은
삭풍을 맞겠지요

내 사랑 당신

대보름 달빛을 보며
무슨 생각을 하셨나요

대보름 달빛에
무슨 소원을 비셨나요

우리네
미래를 생각하며
소원을 비셨나요

난 당신에게
어떤 존재인지
달빛에 물어보았네요

휘영청 달빛 아래서
내 사랑 당신과 함께,

내 사랑 당신이여…………

당신의 몸에선

당신의 몸에선
풀내음이 납니다

한들에 피어난
들풀의 내음처럼

신선한 향내가
코끝을 찌릅니다

화사하지도 않고
우아하지도 않지만

야생화처럼
숨김없는 사랑

당신의 몸에선
풀내음이 납니다

한 하늘 아래

한 하늘 아래 당신과 함께
숨 쉬고 있음이 정녕 기쁨입니다

진달래 꽃말이 떨어지기도 전에

정처없이 떠도는 발걸음으로
바스락거리는 산길을
무작정 걸었습니다
떨어지는 잎사귀마다 추억이 나뒹굴고
흔들리는 잔가지는 쓴웃음만 자아냈지요
그렇게도 사랑을 부르짖던 우린 두 사람
진달래 꽃말이 채 떨어지기도 전에
당신은 어디론가 떠나시다니요
애초에 당신을 만나지 않았던들
당신이 그립다 울부짖지는 않았을 텐데

당신…………
당신은 사랑만을 가르치고
이별을 남겨둔 채
야속하게 떠나갔네요

내안의 야속한 사랑이여…………

나만의 보석

당신이란 보석을
앗아갔으면
앗아간 보석만큼이나
가치 있는 보석이
있어야 하는데

세상의 많고 많은
보석 중에
당신과 견줄 만한
보석이 없는 듯하여

주어진 운명과
적당히 타협하고

한 가지 보석만
가지기로 하였다네

당신이란
빛나는 보석 하나만을

나만의 보석 당신이여…………

4부

어김없이 찾아들었던
한 마리 새를
언제나처럼
그 모습 그 향기로
맞아 주시던 당신

어스름 달빛

어스름 달빛에
당신 그림자 어른거려
슬며시 문고리 밀어봅니다

만나면 할 말 잊고

만나면 할 말 잊고
헤어지면 아쉬운 당신
거리를 쏘다니다
문득문득 당신 생각에
뒤돌아보지만

당신의 그림자만
휭하니 스쳐갑니다
오늘의 만남은
내일을 위해 남겨두고
내일의 얘기
다음날로 미루지요
그래서 우리는
매일을 두고
만남과 헤어짐을
번복한답니다

시작도 끝도 없는…………

당신이 있어

당신이 있어 잠 못 들고
당신이 있어 미소 짓고
당신이 있어 행복한
당신만을 위한
당신이 되고 싶습니다

당신은 누구십니까

언제나 넓은 가슴으로
감싸주시던 당신
산속의 아늑한
오솔길을 걷는 것처럼
펄펄 내리는 함박눈처럼
포근히 다가 섰지요
비바람이 몰아치고
천둥 번개 치는 날
어김없이 찾아들었던
한 마리 새를
언제나처럼
그 모습 그 향기로
맞아 주시던 당신
시린 상처 감싸주고
아픈 가슴
어루만져 주시던 당신
당신은 누구십니까

내안의 사랑 당신이여…………

참 고운 당신

붉게 타오른 당신
가을바람에 단풍이 무르익듯
보고만 있어도 눈이 시립니다

짙은 향기

짙은 향기 내뱉는 당신이 좋아
가끔은 당신 품으로 뛰어듭니다

달님

달님
당신은 누구를 위해
저리 훤히 비추시나요
떠나실 님이시라면
초승달의 그늘로
님의 발길
더디게 더디게 하실 텐데

환한 미소 머금고
밝은 빛 내려주심은
오시는 님 발끝에
돌부리라도 채이실까
밝게 비추시지요

달님
당신은 누구를 위해
저리 훤히 비추시나요

술잔 속의 초상화

한 모금 두 모금 술잔은 기울어가고
묻어 두었던 사랑의 감정이
산산이 올라옵니다
당신을 보고 있었노라면
너무도 작아보이는 나였기에
언뜻 그대 곁에 다가서지 못하고
내 사랑은 깊은 고랑으로 흘러들어
남몰래 남몰래 흘러갔네요
이제는 말라버린 가슴에
한 잔의 술잔을 드리워
술잔 속에 머무는 당신의 초상화를
가슴 속에 담아놓고
아쉬운 여운만 토해내고 있네요

내안의 사랑 당신이여…………

호젓한 바람

호젓한 바람이 볼을 비비고
포근함이 감도는
내 전부의 당신
당신은 실바람 같은 흔들림으로
이 가슴에 숨어들어
사랑의 정원을 가꾸어 놓았지요
난 당신의 정원에서 풍겨오는
향취에 취해
내 전부는 당신과 더불어
새로이 태어났답니다

쓰러지듯 누운 이 밤이

쓰러지듯 누운 이 밤이
당신의 품속인 듯
한없이 포근합니다
달빛은 엷게 흘러내리고
어둑어둑 둘러친 어둠은
편안하게 다가옵니다
잠이 드는 듯 가만히 누워
당신의 숨결 느끼느라면
고요히 흐르는 이 밤이
넘쳐나는 당신 사랑으로
내 가슴에는 정적이
시냇물이 흐르듯
여유롭게 흘러갑니다
내 당신
가까이나 멀리나 어디에 있건
내 발 닿는 곳이면 먼저 와서 반겨 주시는
내 사랑하는 당신
당신이 뿌리신 사랑을 덮고
이 밤 고요히 고요히 잠이 듭니다

달빛을 등잔 삼아

으스름 달빛에
당신 모습을 떨칠 수 없어
가만히 달빛을 맞았습니다
은은한 달빛은
당신의 품 안처럼
포근하고 따사로왔습니다
이 밤
하루도 못된 그리움이 사무쳐
당신 곁으로 밀려갑니다
당신을 향한 이 마음을
달빛에 실어보내나니
이 밤이 다하기 전
달빛을 등잔 삼아
발걸음을 재촉하오

당신의 사랑을 찾아…………

내안의 사랑 당신이여…………

그리움에 목이 메여

몽롱하게 흘러내리는
한줄기 그리움이
어느새 베갯솜에
흥건히 고입니다
그리움에 목이 메여
삼킬 눈물이 말랐건만
당신이 보고 싶다
말 한마디 못하고
응어리진 가슴을
부둥켜안으며
점점 어두워지는
이 밤을 밝히려
이 밤과 함께 합니다

풀잎에 내려앉은

풀잎에 내려앉은
아침 이슬과도 같이
언제나처럼
해맑은 미소로
맞아주시던 당신
세파에 부딪히고
엷은 내의에 찬바람이라도
불어제칠 때면
곱디고운 얼굴에도
이맛살이 패이는 법인데
당신은 언제나처럼

내 당신께 할 말은
사랑이란 두 글자
당신에게 던지는
내 사랑의 메시지라네요

내 마음의 쉼터

당신의 머릿속은 내 생각에 잠들어 있고
당신의 품속은 내 마음의 쉼터였네

사무치는 그리움

오늘 따라 왜 이리
당신이 그리울까요

창밖에 비가 와서일까요

당신과 나
마주한 적 없다 하나
내 마음이
당신을 향하고 있는데
내 마음이
당신을 그리는데
당신은 정녕
아무것도
느끼지 못하시나요

그리움이 사무치면
또 다른 그리움이 된다는데
그리움이 지나치면
집착이 된다는데

이 마음

당신이 가져다
당신 가슴
작은 모퉁이라도
가져다 놓아 주시면
아니 되겠소
그 모퉁이가
진흙탕이라할지라도
그대가 내어준 자리라면
그 어느 곳보다
아늑한
보금자리일 것 같다네요

내 마음속의 당신이여…………

내안의 당신이 그리워

흘러간 시간을
원망도 해 보고

흐르는 세월 앞에
눈물도 흘려 보았지만

세월은
기다려 주지도
멈추어 서지도 않더이다

흘러간
시간들이 아쉬워
원망한 것은 아니라네

흐르는 세월이
야속해서도 아니라네

흘러간 세월과 더불어
떠나버린
내안의 당신이 그리워
흘러간 세월을

원망해본다네

내안의 당신을 그리워하며…………

기다림의 시간

인연이 있어
그대와 나
한 번이라도
마주한다면
그보다 더 좋은 일이
어디에 있으리오

인연이 있어
그대와 나
인연이 된다면
그보다 더 좋은 일이
어디에 있으리오

그대와 내가
아직도
함께하지 못하는 것은
인연의 시간이
아직은 아닌가 보오

그 시간이
언제일지 모르지만

그 시간이 언제가 되든

나는야 즐겁게
기다릴 생각이요

그 시간이 너무 멀어
주어진 내 시간에
주어지지 않는다 해도

나는야 즐겁게
기다릴 것이오

당신과 나의
기다림의 시간들을 말이요

내안의 사랑 당신이여…………

한 번의 사랑

한 번의 사랑으로 당신을 만나고
또 한 번의 사랑이
당신을 떠나게 하였네요
내가 사랑한다는 그 말로
당신의 행동반경을 제한하고
나의 사랑이란 이름으로
무조건적인 사랑을
쥐어주려 했으니
당신은 사랑받는
활짝 핀 꽃이 아니라
화분 속의 갖추어진,
향기 없는 꽃이 되었네요

내안의 안타까운 여인이여…………

당신의 포로

사랑이란 놈이 눈으로
슬며시 파고들어
머리를 마비시키고
온몸을 마비시키시니
눈앞에 보이는 것은
당신이란 사람밖에

가슴으로 느끼는 것은
당신의 심장 소리만
들리게 하시니
이 사람은 아름답게 미소 짓는
당신의 포로가 되었네요
당신만의 포로가…………

내안의 사랑 당신이여…………

내 사랑 달님

저 달님은
뭐가 저리도 좋아
환하게 웃으시며
저리도 좋아하실까

저 달님은
뭐가 저리도 즐거워
새벽이
오시는 줄도 모르시고
저리도 웃고 계실까

저 달님처럼
나에게도 웃을 수 있는
당신이 있었으면 좋겠네

달님,
당신이 가지고 계신
웃음과 즐거움을
나에게 주신다면
난 달님께 사랑이란
두 글자를 드리지요

달님,
당신은 언제나 환하게
웃고 계시지만
사랑이 무엇인지 모르시지요

달님,
사랑에는
아픔도 있고 슬픔도 있지만

달님,
사랑에는
즐거움도 있고
환한 웃음도 있다네요

내 사랑 달님이시여…………

당신의 탄생

한 다발의 붉은 장미
한 다발의 사랑
한 다발의 미소
한 다발의 정열
한 다발의 그리움을
한 다발에 묶어
당신 탄생을 축복합니다
당신의 사랑 당신으로부터…………

한 다발의 붉은 사랑을
당신의 사랑 당신이
당신께 바칩니다

내 사랑 당신이여…………

붉게 상기된 미소

붉게 상기된 얼굴 너머
난 보았습니다
당신의 환한 미소

그림과책 시선 199

아름다운 사람아 안타까운 사랑이여

초판 1쇄 발행일 _ 2019년 10월 18일

지은이 _ 곽상호
펴낸이 _ 손근호

펴낸곳 _ 도서출판 그림과책
출판등록 2003년 5월 12일 제300-2003-87호

03030 서울 종로구 통일로 272, 210호(송암빌딩)
도서출판 그림과책
전화 (02)720-9875, 2987 _ 팩스 (02)720-4389
도서출판 그림과책 homepage _ www.sisamundan.co.kr
후원 _ 월간 시사문단(www.sisamundan.co.kr)
E-mail _ munhak@sisamundan.co.kr

ISBN 978-89-94753-99-7(03810)

값 10,000원

이 도서의 국립중앙도서관 출판예정도서목록(CIP)은 서지정보유통지원시스템 홈페이지(http://seoji.nl.go.kr)와 국가자료공동목록시스템(http://www.nl.go.kr/kolisnet)에서 이용하실 수 있습니다. (CIP제어번호 : CIP2019040309)